子どもクッキング

ママと作る休日の朝ごはん

葛 恵子

はじめに
楽しくお料理しましょう── 4
親子で料理を楽しむコツ── 6
約束してね── 8
さあ、始めよう！── 10

第1章 初級編 ★ かわいい朝ごはん

卵で作ろう　★ スクランブルエッグ── 12
パンで作ろう　★ フレンチトースト── 14
　　　　　　　★ フルーツサンド── 16
ポテトで作ろう　★ ポテトのチーズ焼き── 18
トマトで作ろう　★ トマトのサラダ── 20
サラダを作ろう　★ フルーツヨーグルトサラダ── 22
スープを作ろう　★ コーンポタージュ── 24
　　　　　　　★ キャベツとソーセージのスープ── 26
いろいろ作ろう　★ スパゲティナポリタン── 28
　　　　　　　★ 牛肉のおにぎり── 30
　　　　　　　★ チキンのオーブントースター焼き── 32
　　　　　　　★ お絵描きピザ── 34

CONT

第2章 中級編 ★★ 楽しい朝ごはん

卵で作ろう　★★ ポーチドエッグ── 38
パンで作ろう　★★ ポークと薄焼き卵のサンドイッチ── 40
　　　　　　　★★ りんごとチキンの焼きサンド── 42
ポテトで作ろう　★★ ポテトとコーンのグラタン── 44
トマトで作ろう　★★ トマトとチーズの重ね焼き── 46
サラダを作ろう　★★ 温野菜サラダ── 48
スープを作ろう　★★ にんじんのポタージュ── 50
　　　　　　　★★ トマトスープ── 52
いろいろ作ろう　★★ ツナのコロッケ風── 54
　　　　　　　★★ ヒラヤチー── 56
　　　　　　　★★ コロッケ丼── 58
　　　　　　　★★ パンケーキ── 60

第3章 上級編 ★★★ ステキな朝ごはん

卵で作ろう ★★★ 卵焼き── **64**

パンで作ろう ★★★ ペア・ホットドッグ── **66**

★★★ ハンバーガー── **68**

ポテトで作ろう ★★★ じゃが芋と玉ねぎのだんだん── **70**

トマトで作ろう ★★★ ラタトゥイユ── **72**

サラダを作ろう ★★★ ポテトサラダ── **74**

スープを作ろう ★★★ ミネストローネ── **76**

★★★ 豚肉と野菜のカレークリームスープ── **78**

いろいろ作ろう ★★★ ソース焼きそば── **80**

★★★ 牛丼── **82**

★★★ 真だいの照り焼き── **84**

★★★ ご飯と具だくさんのみそ汁── **86**

第4章 ♥ うれしいおやつ

おかしを作ろう ♥ オレンジゼリー＆グレープフルーツゼリー── **90**

♥ チョコチップクッキー── **92**

♥ アイスクリームサンデー── **94**

♥ スコーン── **96**

♥ Wチョコレートケーキ── **98**

♥ デコレーションカップケーキ── **100**

> **本書の使い方**
> ●材料と調味料の写真は、それぞれの形と色をわかりやすく子どもに伝えるために入れました。そこで、使用量とは異なる場合があります。料理に使う分量は、写真下の文字表記をご覧ください。
> ●計量の単位は、1カップ＝200cc、1合＝180cc、大さじ1＝15cc、小さじ1＝5cc。

調理別さくいん── **102**

私は料理が大好きです。
おとなも子どもも、料理好きになってほしいと思っています。
なぜって、料理したものをみんなで食べるときは、
とっても幸せ。にこにこするでしょう。
みんなを幸せにできるって、とてもステキなことです。
自分も幸せになれます。
親子で料理すると、もっと強く実感できます。
いいえ、ちっともたいへんじゃありません。
この本を見ながら作れば、きっと、楽しく、おいしく
みんなが幸せになれると思います。

（楽しくお料理しましょう）

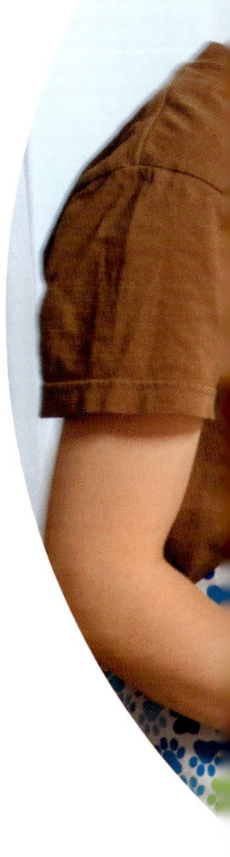

料理すると、子どもはこんなに成長します

食べ物の好き嫌いがなくなります

自信がつきます

集中力が養われます

季節感を知るようになります

思いやりと優しさが身につきます

気配り、心配りができるようになります

工夫することができるようになります

機転をきかせることをおぼえます

社交性が身につきます

美しさへの感性が磨かれます

文化を知り、考えるようになります

自分の健康を考えるようになります

子どもと料理をするときは、正しい作り方よりも、
楽しく作る、安全に作ることのほうがだいじ。
楽しい時間を共有すると、
親子がもっと仲良くなれます。
親子で料理を楽しむコツをお教えしましょう。

親子で料理を楽しむコツ

おとなはじっと見守って

おとなには簡単でも、子どもにとってはむずかしいことが、案外たくさんあります。その一つがかげんを知ること。力かげん、塩かげんなど、じょうずにかげんするには五感すべてを働かせる必要があります。料理しながら、その流れを知り、五感すべてを使うことをおぼえてほしいと思います。おとなは手を出したくなっても、そばで見守っていてあげてくださいね。

おとなの料理本には、よく「手早く」「さっと」というような説明が入っていますが、その通りにできなくても、あせったり、イライラしたりしないで。おとなのイライラが子どもに伝わり、否定されているように感じて、料理が嫌いになってしまいます。子どもは、料理を作ることが楽しく、自信が持てると、料理好きになります。料理が好きになれば何回も作りますし、技術も自然に身についてくるもの。最初からじょうずにできないのは、あたりまえです。本人が納得いくまで、ゆっくり作業させてあげること。おとなは応援しながらじっくり待ってあげてください。

私の禁句

子どもが作業をしているときには、私が決して言わないようにしているのは、「ダメダメ」「早く」「急いで！」。この禁句が出そうになったときは、逆に「だいじょうぶ。あせらなくていいのよ」と、言います。すると、子どもはとてもホッとした顔になりますし、私も自分自身をふりかえることができるのです。子どもも、やはり「早くしなくちゃ」とわかっていて、あせっているんですね。そんなときに、おとなが「サア早く」と急がせても、早くできるわけがありません。もっとあせってしまうだけです。「だいじょうぶ。じょうずにできているわよ」「それでいいの。ゆっくりやっていいのよ」と言えば、子どもも気持ちが落ち着き、ほんとうにじょうずにできるようになるのです。

禁句の反対は、「だいじょうぶ！」「それでいいのよ」「よくできたね」「じょうず！」「おいしい！」。子どもが安心して、落ち着き、自信を持つ、だいじな魔法のコトバです。

子どもの料理とおとなの料理

子どもの料理は、おとなと同じ作り方ではありません。省略するところ、おとなとは違うやり方のところがあります。この本では、子どもに合わせた作り方を紹介しています。

＊トマトの切り方
トマトのへたはくりぬかず、包丁で切り落とします。ここはおとながやってください。切った断面をまな板につけて安定させて、さらに切ります。

＊卵の割り方
おとなが卵を割るときに卵を当てるのは平らな面ですが、子どもが同じようにすると、器に入れる前に割った中身が流れ出してしまいます。そこで、器の角に当てて割ってもかまいません。

＊ピーマンの切り方
おとながピーマンを切るときツルツルの面に包丁の刃を入れますが、滑りやすいだけでなく凹凸があって不安定です。そこで、子どもは縦半分に切り、種を取ったら指で広げてできるだけ平らにし、ツルツルの面をまな板に置き、種の入っていたほうから包丁を入れて切ります。

＊玉ねぎのみじん切り
玉ねぎは、涙が出やすい子どもたちにとって特に切りにくい野菜です。切りはじめたとたんに顔が赤くなる子どももいますので、そんなときはおとなが代わりましょう。子どもの切り方は２つ。少し包丁になれていたら、玉ねぎを半分に切り、縦に５mm間隔で包丁を入れてみじん切りにします。初めての子どもは、玉ねぎを半分に切り、１枚ずつはがして高さを低くしてから、みじん切りにします。おとながやるように、縦に細かく包丁を入れ、横に３〜４本切り目を入れる切り方は、包丁になれてからがよいでしょう。

やけどや切り傷など、台所には危険がいっぱい。
料理をするときは、子どもの安全にはよくよく気をつけてくださいね。
とにかくケガをさせないように、包丁を持っているときと
火のそばでの作業には気を配りましょう。
どんな小さなケガでも、楽しさはどこかへ飛んでいってしまいます。

（ 約束してね ）

包丁には注意してね！

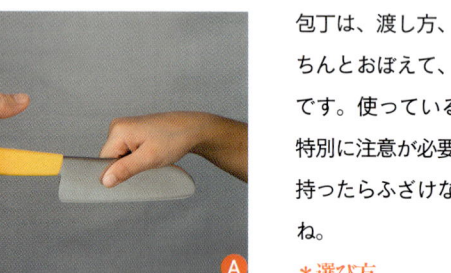

包丁は、渡し方、使い方、置き方など、きちんとおぼえて、その通りにしないと危険です。使っているときも使わないときも、特別に注意が必要なもの。とにかく包丁を持ったらふざけない、と約束してくださいね。

＊選び方
包丁は、子ども用のものを使います。まな板は、滑りにくく、刃をしっかり受け止めてくれるものを選びましょう。

＊渡し方 A
包丁を人に手渡すときは、相手に柄のほうを向け、自分は刃の切れないほうを持って渡します。

＊使い方 B
ものを切るときは、きき手でしっかり包丁をにぎりましょう。添える手は「猫の手」のように軽くまるめ、指先で材料を押さえます。

＊置き方 C
料理の途中で包丁を置くときは、必ずまな板の奥のほうに、刃を向こうに向けて置くこと。手前に置くと何かの拍子に落ちてくる危険があります。

それ危ないよ！

＊片手鍋やフライパン

長い柄のついたものをレンジの上に置くときは、柄が横になるように置きます。手前に突き出ていると、前を通るときにひっかけて落としたり、落としたものを拾うときに頭や肩をぶつけるので、危険です。

＊オーブントースター

オーブントースターは軽くて動きやすいので、滑り止めになるようなシートを敷くといいでしょう。あけたときに中のものが飛び出ることがありますので、注意してくださいね。

＊電子レンジ

電子レンジにかけると、器もラップも熱くなっています。特にラップをはずすときは熱い蒸気に要注意。レンジから出すのも、ラップをはずすのも、おとなが担当してください。

＊炊飯器

ご飯が炊けてくると、熱い蒸気がふき出てきます。炊飯器の向こうにあるものに手を伸ばそうとしないように。炊飯器も熱くなると危険なことを、忘れないでください。

＊レンジまわり

ガスレンジの近くにビニール袋や油の入った容器など、火のつきやすいものは置かないこと。子どもは夢中になるとまわりが目に入らなくなるので、レンジまわりをかたづけてから火を使いましょう。

ＩＨレンジの場合、炎が見えないので、油断しがちですが、調理したあとの天パンはたいへん高温になっていますから、けっしてさわらないようにしてください。

**このマークがあるところは、
要注意です。
おとなはそばにいてください。**

**このマークがあるところは、
おとなが作業してください。**

万一ケガをしてしまったら

子どもが包丁で手を切ってしまったり、やけどをしてしまったら……。まず、おとなが落ち着きましょう。あわてず騒がず傷の手当てをしながら、「だいじょうぶよ」と、安心させてください。

子どもは想像以上におびえているもの。いすに座らせて水を飲ませ、「ちょっとびっくりしたわね」などと声をかけましょう。

子どもの顔に笑みがもどったら「偉かったね、落ち着いていたね」とほめてあげてください。ケガはぜったいに避けたいことですが、その経験は、自分でもびっくりしてしまった状況をクリアできたという自信になり、料理以外のところでも生きてきます。

この本は、おとなと子どもがいっしょに見ながら
料理できるようになっています。
料理するときは、まず身じたくをチェック。
材料、調味料、調理用具をすべて用意してから始めましょう。

さあ、始めよう！

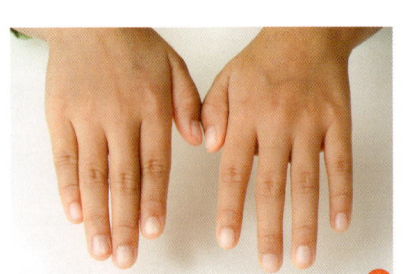

*つめは短く Ⓐ

つめが伸びていると、汚れがたまったりして不衛生ですし、危険です。短く切っておいてくださいね。

*手を洗おう Ⓑ

手はていねいに洗います。石けんをよく泡立てて、手のひら、手の甲、指と指のあいだ、つめなど、しっかり洗ってください。「テレビに出てくる手術するお医者さんのように洗おうね」と言うと、子どもたちはよくわかりますよ。

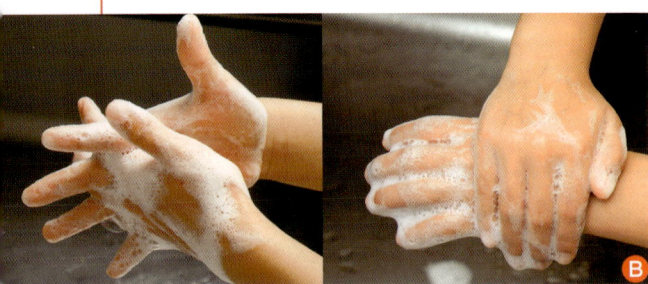

*腕まくりしよう Ⓒ

服の袖が長いと、何かにひっかけたり、水でぬれたりするだけでなく、火がついてしまうので、危険です。かならず腕まくりして、手首から10cmは出しておきましょう。

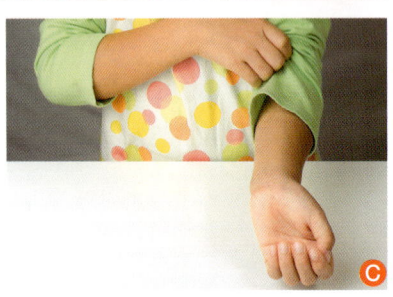

*髪はまとめてね Ⓓ

長い髪は危険ですし、髪の毛が料理に入っていると不衛生。キリッとまとめて、作業を始めてください。

*足もとも注意して

滑らないスリッパなどの室内ばきをはいて作業すると、何かが落ちてきたりしたときの安全対策になります。ただし、動きやすいものにしてください。

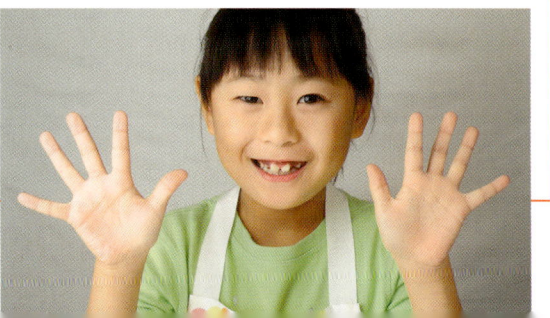

第1章
初級編

★

かわいい
朝ごはん

この本の第1章から第3章までは、卵、パン、ポテト、トマトを使って作る料理や、サラダ、スープなどの作り方が簡単なものから順に並んでいます。まずは、初級編のかわいい朝ごはん。小学校低学年くらいの小さなお子さんやお料理初心者さんは、ここからチャレンジしてみましょう！

スクランブルエッグ

材料 4人分

卵＊4個

食パン＊2枚 　プチトマト＊8個 　牛乳＊大さじ4

塩＊ひとつまみ

こしょう＊少々

バター＊小さじ4

朝ごはんの定番、スクランブルエッグ。卵に、牛乳と塩、こしょうを加えて混ぜ、バターを溶かしたフライパンでかき混ぜながら焼きます。トーストとプチトマトを添えてどうぞ。

初級★卵で作ろう

❶ 卵4個を割ります。おとなが割るときは平らな面に当てますが、子どもはボウルの角でコツンとひびを入れ、両手でひびを広げて中身をボウルに落とします。

❷ ボウルの中の卵を、小さな泡立て器などでざっとかき回します。

❸ 牛乳大さじ4をはかり、ボウルに加えます。

お手伝いのポイント

卵の殻は頑丈で、強く当てないと割れません。この料理はかき混ぜますから黄身がくずれてもいいので、失敗をおそれずやってみましょう。実際に割ってみると卵のかたさがわかります。

❹ ボウルに塩をひとつまみ加え、こしょう少々をふって混ぜます。
ひとつまみ＝親指、人差し指、中指の3本の指でつまめるくらいの量です。

❺ 2人分ずつ作ります。フライパンに、バター小さじ2を入れます。このときフライパンを熱しすぎて、バターを焦がさないように注意しましょう。

❻ フライパンのバターが溶けたら、❹の卵液を半量流し入れます。

❼ へらでかき混ぜます。「まだ早いかな」と思うくらいの半熟で火をとめ、皿に移します。残りの卵も同様に作ります。焼いた食パンとプチトマトを添えてでき上がり。

13

フレンチトースト

甘い匂いが漂ってきたら
テーブルに集まりましょう。
食パンを卵液に浸してから焼き、
粉砂糖をふりかけて
いただきます。

材料 4人分

食パン＊4枚

卵＊4個

バター＊小さじ2

牛乳＊大さじ8

粉砂糖＊適量

❶ ボウルに卵4個を割り入れ、泡立て器でよく溶きほぐします。

❷ バットに❶を流し入れます。バットは、食パン4枚を平らに並べることができる大きさのものを使います。

❸ ❷のバットに牛乳大さじ8を加えて、泡立て器やフォークなどで混ぜます。

❹ ❸に食パン4枚を浸します。パンの裏表をよく卵液に浸し、5分くらいおいてしっかり含ませましょう。

❺ フライパンにバター小さじ1を入れて溶かし、泡が小さくなってきたら、❹の卵液に浸した食パン2枚を入れて焼きます。食パンが重ならないように一度に焼く枚数を欲ばらないでくださいね。

初級★パンで作ろう

❻ 焼き色がついたら、トングを使って、パンを裏返します。返すのは1度だけにしましょう。

❼ 両面が焼けたら、取り出し、半分に切って皿に盛り、粉砂糖をふりかけます。好みで、カラーシュガーやシナモンをふり、メープルシロップを添えます。残り2枚も同様に作ります。

お手伝いのポイント

この料理は子どもだけでも作ることができますが、フライパンを使うときは、そばにおとながついている必要があります。子どもは夢中になると、レンジやフライパンが熱くなっていることを忘れてしまうので、ご注意ください。

フルーツサンド

甘ずっぱくて、おいしい
サンドイッチ。
パンに泡立てた生クリームを塗り、
好みのフルーツを
薄切りにしてはさみます。

サンドイッチ用のパン*8枚

いちご*4〜5個

パイナップル*輪切り2枚

バナナ*½本

キウイフルーツ*½個

材料 4人分

生クリーム*100cc　　砂糖*大さじ2

砂糖のような粉状のものを
はかるときは、
かたまりがあればかならずつぶして。
ふんわり山盛りにすくい、
ナイフの背などを使って
スプーンのふちですり切ります。

お手伝いのポイント

生クリームを泡立てるときは、大きめのボウルを使いましょう。小さいと、クリームがまわりに飛び散ってしまいます。

❶ いちご、パイナップル、バナナ、キウイフルーツは、それぞれ4〜5mm厚さに切ります。

❷ 砂糖大さじ2をはかって、生クリーム100ccを入れたボウルに加えます。

❸ 泡立て器を使い、空気を含ませるようにして泡立てます。泡立て器で持ち上げて、ピンと角が立つくらいになったらでき上がり。それ以上かき混ぜると分離してしまいます。

初級★パンで作ろう

④ サンドイッチ用のパン8枚に❸で泡立てた生クリームを塗ります。パンに穴をあけないように、やさしく塗ってくださいね。

⑤ 生クリームを塗ったパン4枚に好きなフルーツをのせます。切ったときの断面がカラフルになるには、どこに置いたらよいか、考えましょう。

⑥ パンにフルーツをのせたら、残りの4枚を重ねます。4つに切ればでき上がり。

ポテトのチーズ焼き

じゃが芋をまるごとチンしてくりぬき、
チーズをのせて焼きます。
ホクホクのじゃが芋と
焼けたチーズの香ばしさが
ベストマッチのお料理。

材料
4人分

じゃが芋＊4個

ピザ用チーズ＊適量

バター＊小さじ4

初級★ポテトで作ろう

❶ じゃが芋は皮ごと食べてもおいしいので、よく洗いましょう。耐熱のボウルにじゃが芋4個を入れて、ラップをかけます。

❷ ❶のじゃが芋を電子レンジで6分加熱します。ボウルが熱くなりますから、電子レンジから取り出すときやラップをはずすとき、とても危険です！　おとながやってください。

❸ ❷が冷めたら、スプーンで上の部分をくりぬき（500円玉くらいの大きさを取り除きます）ます。

お手伝いのポイント

ほとんどすべて子どもができますが、電子レンジから取り出してラップをはずすところと、オーブンから取り出すところは非常に高温になりますので、おとながやってください。

❹ 耐熱皿にじゃが芋をのせ、くりぬいたところに、チーズをのせます。

❺ ❹のチーズの上に、じゃが芋1個につきバター小さじ1をのせます。

❻ ❺を200℃のオーブンで10分焼きます。オーブントースターなら5分程度、チーズに軽く焦げ目がつくまで焼いてください。

トマトのサラダ

トマト（完熟）＊2個

ベビーリーフ＊1袋

材料 2人分

塩＊少々

こしょう＊少々

エクストラバージン
オリーブオイル＊大さじ1

❶ ベビーリーフ1袋はよく洗って、水けをきります。

初級★トマトで作ろう

❷ トマト2個のへたの部分は、切り落とします。おとなの場合はへたをくりぬきますが、このあと切りやすいように、まな板の上で安定する形に切ってください。

❸ ❷をまな板の上に安定するように置き、1cm厚さに切ります。

❹ 1cm厚さに切った❸のトマトを、1切れずつ、3つ〜4つに切ります。

❺ ボウルに洗ったベビーリーフと切ったトマトを入れて、塩、こしょう各少々をふります。

❻ ❺の上から、エクストラバージンオリーブオイル大さじ1を回しかけます。

❼ 手早く混ぜて、味をなじませれば、でき上がり。

トマトを切って、包丁を使う練習をしましょう。小さなお子さんの場合、おとながへたを切り落とし、トマトをまな板に安定して置けるように準備してから、お手伝いさせてくださいね。

ベビーリーフと切ったトマトをボウルに入れ、
そこに塩、こしょう、
オリーブオイルをふって混ぜるだけ。
ボウルではなく、
そのままテーブルに出せる器で作ると
洗いものが少なくなります。

いまはプルトップの缶詰が多いので、缶切りを使うことが少なくなりました。缶切りで缶詰をあけて、子どもに見せてあげてください。缶詰をあけたら、中身は缶に入れたままにせず、ボウルや皿などの容器に移すことも教えましょう。

❶ りんご½個は4等分して芯を除き、皮をむいて約5mm厚さに切ります。左手を軽くまるめてりんごを押さえ、端から切っていきましょう。厚さは5mmをめざして。もちろん、不ぞろいでもかまいません。

フルーツヨーグルトサラダ

フルーツを食べやすい大きさに切って、ヨーグルトに混ぜればでき上がり。きれいでおいしくて、ヘルシーなサラダです。

材料 4人分

- りんご＊½個
- キウイフルーツ＊1個
- ミックスフルーツ缶＊1缶（250g）
- ヨーグルト＊400g

❷ キウイフルーツ1個はりんごと同じように、薄切りにします。ミックスフルーツ1缶は缶切りであけて、中身をボウルに出しておきます。

❸ ボウルにヨーグルト400gを入れ、薄切りにしたりんご、キウイフルーツ、ミックスフルーツをつぎつぎに加えます。

❹ ボウルのフルーツとヨーグルトをスプーンなどで混ぜればでき上がり。混ぜるときは、フルーツを傷つけないように、ゆっくり、やさしくね。

初級★サラダを作ろう

なめらかな仕上がりにしたいなら
パターンA。パターンBは
鍋にあけて火にかけるだけ。
どちらのタイプもそれぞれおいしい。

材料 4人分

クリームコーン缶＊1缶（410g）

クラッカー＊4枚

牛乳＊500cc（パターンA）
　　＊400cc（パターンB）

塩、こしょうは、好みで加えてもよい

コーンポタージュ

パターンA

お手伝いのポイント

味をみる練習をしましょう。いつでも、何にでも塩味をつける必要はありません。必要以上に味をつけず、素材そのものの味を感じられるようにしたいものです。

❶ クリームコーン1缶と牛乳100ccをミキサーに1分程度かけ、なめらかにします。ミキサーが回りにくくなったら、牛乳を追加してください。

ミキサーを使うときは、ふたの上に手をのせないように習慣づけましょう。ふたには小さな穴があり、穴をふさいでしまうと中身がふき出すことがあります。

❷ ミキサーの中身をざるでこしながら、鍋に入れます。全部入れたら、スプーンなどでざるに押しつけるようにして、よくこしましょう。

❸ 残っている牛乳を加えて混ぜ、火にかけて、沸騰すればでき上がり。器によそい、クラッカーを添えます。

パターンB

❶ 鍋にクリームコーン1缶を入れます。

❷ 牛乳400ccを加えて火にかけ、沸騰すればでき上がり。

キャベツと
ソーセージのスープ

ウインナソーセージのうまみに
キャベツの甘さがプラスされたスープ。
1品でメインとスープができ上がる
朝ごはんに便利なレシピです。

材料 4人分

キャベツの葉＊3〜4枚　ウインナソーセージ＊8本

固形スープのもと＊2個　こしょう＊少々

水＊800cc

お手伝いのポイント

湯の中に材料を入れるとき、熱い湯がはねることがあるので注意しましょう。重さのあるウインナソーセージはおとなが入れてみせ、子どもは軽いキャベツから練習しましょう！

❶ 鍋に水800ccを入れて火にかけます。

鍋を火にかけたあとは、ふちが熱くなるのでぜったいにさわらないでくださいね。

初級 ★ スープを作ろう

❷ 沸騰したら、トングなどを使い、ウインナソーセージ8本を入れます。勢いよく入れると熱い湯がはねて危ないので、おとなが入れてください。

❸ ウインナソーセージを入れたら、キャベツを手でちぎりながら入れます。だいたい5cm角くらいの大きさにちぎると食べやすいでしょう。

❹ 固形スープのもと2個を入れ、10分程度煮て、こしょう少々をふれば、でき上がりです。

27

スパゲティナポリタン

スパゲティ＊320g

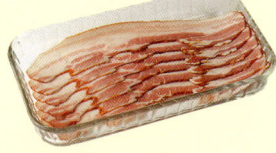
ベーコン＊8枚

大好きなスパゲティを自分で作れると、
とてもうれしいもの。
野菜とスパゲティをバターで炒め、
ケチャップで味つけします。
量が多いので2回に分けて作りましょう。

ピーマン＊2個

玉ねぎ＊1個

バター＊小さじ4

材料
4人分

お手伝いのポイ

いろいろ切って、野
ーコンの切れる感じ
ましょう。子どもに
を味わってほしいの
となはできるだけ手
ないでくださいね。

ケチャップ＊大さじ8

サラダ油＊適量

塩＊少々

こしょう＊少々

❶ ピーマン2個は半分に切ります。ピーマンの皮が滑るので、ここはおとなの役目。

❷ 半分に切ったピーマンの種を取り、切りやすくなるように広げます。

❸ ❷を横に5mm程度の幅に切ります。子どもはピーマンの内側から切るほうが安全。

❹ 玉ねぎ1個は、おとなが4等分に切ったものを、子どもが切ります。5mm程度の薄切りをめざしましょう。

❺ ベーコン8枚を1cm幅に切ります。手に脂がついて滑りやすいので注意してくださいね。

量が多いので
2回に分けて。

火を使うとき、
おとなはかならず
そばにいて
くださいね！

❻ フライパンにサラダ油を入れて火にかけ、ベーコン、玉ねぎ、ピーマンの順に、半量ずつ入れて炒めます。ベーコンは脂がはねやすいので、フライパンを熱しすぎないように注意。

初級★いろいろ作ろう

❼ 玉ねぎが透き通ってきたら、あらかじめゆでておいたスパゲティの半量を加えます。

❽ 野菜とスパゲティをよく混ぜ合わせたら、バター小さじ2を加えて、さらに混ぜます。

❾ ケチャップ大さじ4、塩、こしょう各少々を加えて、味がなじむように混ぜればでき上がり。残りの材料も同様に作ります。

牛肉のおにぎり

しょうゆで香ばしく炒めた牛肉を具にして
三角形のおにぎりをにぎってみましょう。
ご飯は、あらかじめ
炊いておきます。

材料 2人分

ご飯＊茶わん6杯

牛薄切り肉＊100g

のり＊1½枚

しょうゆ＊大さじ1弱

塩＊少々

サラダ油＊適量

初級 ★ いろいろ作ろう

肉などの生ものを
さわったあとは、
よく手を
洗いましょう。

① 牛肉100gは細切りにします。牛肉の脂で滑りやすいので、おとなが切ってください。

② 切った牛肉はボウルに入れ、しょうゆ大さじ１弱をかけて、５分くらいつけておきます。

③ フライパンにサラダ油を熱し、しょうゆにつけておいた牛肉を入れて、炒めます。

④ プラスチック製の器にラップを敷いてご飯をよそい、真ん中に炒めた牛肉をのせます。

お手伝いのポイント

茶わんとラップを使えば、ラップの口をギュッと閉じるだけで、ある程度形がまとまります。じかににぎるより衛生的で、熱い米粒が手につかない点もおすすめ。瀬戸物ではなくプラスチック製の器のほうが、ラップがくっつきにくいですよ。

⑤ 器からラップごと取り出し、中の具をご飯で包むように、まわりのラップを寄せていきます。

⑥ 両手を使い、上になる手の指を「く」の字に曲げて、おにぎりを手前に回しながら三角形に形をととのえます。

⑦ ラップをはずして塩少々をふり、１枚を４つに切ったのりを巻いて、でき上がり。

チキンの
オーブントースター焼き

鶏の手羽中に味をつけ、
プチトマトといっしょにオーブントースターで焼くと
思いがけなく豪華な1品になります。塩こしょう味としょうゆ味、
2種類作ってみましょう。

材料 4人分

鶏肉(手羽中)＊24本

プチトマト＊12個

しょうゆ＊少々

塩＊少々

こしょう＊少々

お手伝いのポイント

手首をじょうずに使って、高い位置から塩、こしょうをふる練習をしましょう。1ヵ所にかたよらないよう、均等にふるのがポイントです。また、液体のしょうゆを全体にふりかける練習もしてみてくださいね。

❶ 鶏肉12本をバットに平らに並べ、全体にまんべんなく塩、こしょう各少々をふります。

❷ 残りの鶏肉を別のバットに並べ、しょうゆ少々を全体に回しかけます。

初級 ★ いろいろ作ろう

❸ 耐熱皿に材料が半分ずつ入るように、アルミホイルで皿を2つ作ります。塩こしょう味としょうゆ味の鶏肉をべつべつに入れ、プチトマト12個も入れて、オーブントースターで約20分焼きます。

❹ 香ばしく焼けたら、トングを使って盛りつけます。

耐熱皿が熱くなっているので気をつけてくださいね。

お手伝いのポイント

粉状のものと液状のものを、はかる練習をしましょう。粉のはかり方は、フルーツサンド（16ページ）をご覧ください。液体の場合、さじ1杯は、スプーンいっぱいに入れて、少し表面が盛り上がっている状態です。

❶ 強力粉210g、薄力粉90gをはかります。容器をのせた状態で、ゼロ表示にできるはかりがあると便利です。

❷ ❶のボウルにドライイースト小さじ1を加えます。

小麦粉には、薄力粉と強力粉があり、それぞれに特徴があります。

お絵描きピザ

子どもたちは、ピザの生地をこねるのが大好き。
楽しい工作をしているつもりで、
好きな形に作ったり、
トッピングでお絵描きしたりして、焼きましょう。

材料 2人分

強力粉＊210g
薄力粉＊90g
ドライイースト＊小さじ1　ピザ用チーズ＊適量

パプリカ＊½個　　ピーマン＊1個　　サラミ＊適量

スイートコーン缶＊⅓缶(95g)　マッシュルーム＊4個　黒オリーブ＊4個

にんにく＊1かけ　ピザソース＊適量 　オリーブオイル＊10cc

塩＊小さじ1　砂糖＊大さじ1　水＊200cc

初級 ★ いろいろ作ろう

❸ ❷のボウルに、塩小さじ1、砂糖大さじ1、水200cc、オリーブオイル10ccを加えて混ぜ、こねます。

❹ 力を入れて、しっかりとこねましょう。

塩は、ドライイーストと仲がよくないので、離れたところに入れましょう。

❺ 1つにまとまったら、生地がつかないよう小麦粉少々をふったボウルに入れて、ぬれぶきんをかけ、1時間ねかせます。

❻ 1時間以上たつと、このようにふっくらと発酵します。

❼ よく乾いた台にクッキングペーパーを敷き、小麦粉少々をふって、発酵したピザ生地を4つ〜6つに分けます。1つずつのばして、好きな形に作りましょう。

❽ トッピングを用意します。ピーマンは輪切り、サラミ、パプリカ、マッシュルーム、にんにくは薄切り、黒オリーブは小さく刻みます。

❾ 生地で好きな形ができたら、その上にピザソースをのばします。

❿ ピザに絵を描くつもりでトッピングをのせ、上からピザ用チーズをかけて、200℃のオーブンで15〜20分焼けばでき上がり。

第 2 章
中級編

★★

楽しい朝ごはん

小学校高学年や料理を始めて１〜２年くらいのお子さんにおすすめの中級レシピです。楽しく作ればまた料理がしたくなって、やればやるほどじょうずになりますよ！ 親子で食卓についたら、ママやパパは、「よくできたね！ おいしい！」のコトバを忘れずにかけてあげましょう。

材料 4人分

- 卵＊4個
- ベビーリーフ＊1袋 
- フライドオニオン＊大さじ4 
- 塩＊小さじ2 
- 酢＊大さじ2 
- 水＊5カップ 

塩と酢を入れたお湯に卵を静かに落とせば、ポーチドエッグのでき上がり。ベビーリーフの上にのせて、サラダ風にめし上がれ。カリカリのフライドオニオンもトッピング。

ポーチドエッグ

中級★★ 卵で作ろう

お手伝いのポイント

卵は、黄身をくずさないように割りましょう。割ったあとも黄身をくずさないよう静かに扱ってくださいね。

① 鍋に、水5カップと塩小さじ2を入れて、熱します。沸騰したら、酢大さじ2を加えます。

② 卵1個は器に割り入れます。黄身をくずさないよう、気をつけて！

③ ②の卵を玉じゃくしに入れて、静かに鍋に落とします。

④ 3～4分ゆでて、白身が固まったら、穴あき玉じゃくしですくって、鍋から上げます。

酢を入れるのは、卵の白身を固まりやすくするためです。

⑤ 卵の水けを軽くきります。洗って水けをきり、皿に盛っておいたベビーリーフ¼袋の上に卵をのせます。

⑥ ⑤の上に、フライドオニオン大さじ1をふればでき上がり。残りの材料も同様に作ります。

味つけはお好みで。塩、こしょうやドレッシング、マヨネーズでも。

ポークと薄焼き卵のサンドイッチ

ベーコンともコンビーフともちょっと違う、ポークランチョンミートの缶詰を使って作るサンドイッチ。薄焼き卵の黄色とレタスの緑、いろどりもきれいでしょ？

お手伝いのポイント

バターとマヨネーズをサンドイッチ用のパンに塗るとき、穴をあけないでくださいね。パンにバターナイフをギュッと押しつけないように。薄く均一に、全体にのばすのもポイント。

材料 4人分

- サンドイッチ用のパン＊8枚
- ポークランチョンミート缶＊1/2缶（170g） 
- 卵＊2個 
- レタスの葉＊2枚 
- バター＊適量 
- ケチャップ＊適量 
- マヨネーズ＊適量 
- サラダ油＊適量

中級 ★★ パンで作ろう

❶ 卵2個は器に割り入れ、泡立て器を使ってよくかき混ぜます。

❷ フライパンにサラダ油を熱し、❶の卵液を大さじ2ずつ流し入れます。

きれいな円にならなくてもOKですよ。

❸ ❷の周囲が乾いてパリパリした感じになってきたら、フライ返しを使って返します。おとながフライ返しの上にのせてあげるとうまく返せます。焼けたら取り出し、バットに入れておきます。

❹ ポークランチョンミート½缶を切ります。柔らかくて切りやすいですが、脂で手が滑るので気をつけましょう。缶をあけるのと、缶からポークを取り出すのはおとながやってください。

❺ フライパンにサラダ油を熱し、❹のポークを焼きます。両面に、こんがりとおいしそうな焼き色がつくまで焼いたほうがGOOD!

❻ サンドイッチ用のパンは4組分8枚を用意します。1組の片方にはバターとマヨネーズを塗り、もう1枚にはマヨネーズだけを薄く塗ります。

❼ ❻のパンを並べて、片方に❺の焼いたポークをのせていきます。

❽ ❼の上に、❸の薄焼き卵をのせて、ケチャップを塗ります。

ポークや薄焼き卵は、パンからはみ出さないようにのせましょう。

❾ ❽の上に、洗って水けをよくきっておいたレタスを½枚ずつのせます。その上にパンをのせ、半分に切ればでき上がり。

| 食パン*8枚 |  鶏むね肉*1枚 |  りんご*1個 |  レタスの葉*2枚 |

| 塩*少々 |  こしょう*少々 |  サラダ油*大さじ1 |  バター*大さじ1 |  マヨネーズ*適量 |

材料 4人分

りんごとチキンの焼きサンド

甘ずっぱいりんごと鶏肉を、
トーストしたパンにはさんだサンドイッチ。
バターの風味がよく合います。

❶ 鶏むね肉1枚は、薄いそぎ切りにします。

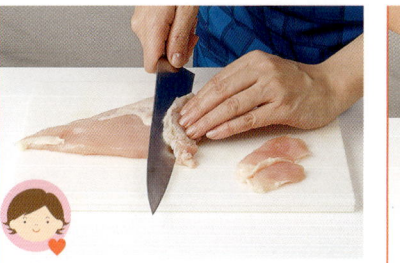

❷ 鶏肉の両面に、塩、こしょう各少々をふります。

肉全体に均等に味がつくように、20〜30cmくらい上からふります。
もし塩がかかりすぎたら、ティッシュなどでふき取りましょう。

❸ りんご1個はくし形に切ります。まず、8等分にして芯を除き、皮をむいてから、さらに縦半分に切って16等分にします。

お手伝いのポイント

鶏肉に塩、こしょうをふるときは、小さな皿に調味料を入れ、そこからひとつまみつまんで、手でふりましょう。1ヵ所にかたよらず、まんべんなくふれたら、大成功。

❹ フライパンにサラダ油大さじ1とバター大さじ1を熱し、バターが半分ほど溶けたら、りんごを入れ、しんなりとするまで焼きます。

❺ りんごを取り出した❹のフライパンで鶏肉を焼きます。重ならないように並べ入れ、約3分焼き、裏返して同様に焼きます。

❻ オーブントースターで食パン4組分8枚をこんがりと焼きます。バター（分量外）は1組の片方に、マヨネーズは両方に塗ります。

❼ ❻の片方に鶏肉、りんご、レタスを½枚ずつのせて、パンを重ね、半分に切ればでき上がり。

オーブントースターは熱くなるので注意しましょう！さわっていいのは扉についている取っ手やつまみだけ。

中級★★ パンで作ろう

ポテトと
コーンのグラタン

ほっこり、アツアツのポテトグラタンです。
じゃが芋はゆでずに電子レンジで加熱、
生クリームを回しかけて焼くだけなので、
とっても簡単！

材料 4人分

- じゃが芋＊4個
- スイートコーン缶＊½缶（95g） 
- ピザ用チーズ＊適量 
- 生クリーム＊大さじ6 
- バター＊大さじ2 
- パン粉＊大さじ1 

お手伝いのポイント

ピーラーを使って、じゃが芋の皮をむく練習をします。はじめは、できるだけデコボコの少ないじゃが芋を選びましょう。

❶ じゃが芋4個は、おとなが半分に切ってまな板に置き、子どもがピーラーで皮をむきます。半分むいたら、向きを逆にして残りをむきます。

手で持ってむくより安全です。

❷ ❶のじゃが芋の平らな面を下にしてまな板の上に置き、端から1cmほどの厚さに切ります。切った形が半月のようになるので、「半月切り（はんげつぎり）」といいます。

❸ 耐熱のボウルに❷のじゃが芋を入れてラップをかけ、電子レンジで4分加熱します。電子レンジから取り出してラップをはずすのは、たいへん熱いので、おとながやってください。

中級★★ ポテトで作ろう

❹ 耐熱のグラタン皿に、❸のじゃが芋を入れます。

チーズやバターに
塩けがあるので、
塩は入れずに作ります。
もし、味が物足りない場合は、
塩少々をふりましょう。

❺ ❹に水けをきっておいたスイートコーン½缶を散らし、生クリーム大さじ6を回しかけます。

❻ ❺にピザ用チーズをのせ、パン粉大さじ1をふりかけます。ところどころに小さく切ったバター大さじ2をのせて、180℃のオーブンで約20分、表面にこんがりと焼き色がつくまで焼けばでき上がり。

45

トマトとチーズの重ね焼き

材料の種類も少なく、段取りも簡単。
「手順、手際」をおぼえるのに
おすすめの料理です。

材料 4人分

- トマト＊3〜4個
- ピザ用チーズ＊適量 
- にんにく＊1かけ
- パセリ＊少々 

皮がしっかりしていて果肉が柔らかいトマトは、切れ味の悪い包丁で切るとつぶれてしまいますので注意しましょう。

❶ トマト3〜4個は洗い、へたのついた部分を上から1cmほどのところで切り落とします。

❷ ❶のトマトの平らな面を下にして安定するようにまな板に置き、1cmほどの厚さに切ります。

❸ 耐熱のグラタン皿に、❷のスライスしたトマトを並べます。

❹ にんにく1かけは皮をむいてみじん切りにし、❸の上に散らします。

中級 ★★ トマトで作ろう

❺ ❹にピザ用チーズをまんべんなくのせます。

❻ パセリ少々は洗ってしっかりと水けをきり、みじん切りにしておきます。❺の上にパセリのみじん切りをふりかけ、170℃くらいに温めたオーブンでチーズに焦げ目がつく程度に焼きます。

お手伝いのポイント

にんにくとパセリのみじん切りだけはおとながやって、材料を耐熱皿に入れるまでの作業はすべて子どもにまかせましょう。トマトを最初に並べ入れたら、あとは多少順番がかわっても問題ありません。

オーブンから器を取り出すのは熱いので、おとながやってください。

47

温野菜サラダ

蒸し野菜のサラダは、
野菜本来の味が楽しめます。
野菜は一度に蒸し上がるように、
大きさを考えて切るのがコツ。

材料 4人分

- カリフラワー * ½個 
- パプリカ * 1個 
- かぶ * 小4個 
- じゃが芋 * 2個 
- キャベツ * ½個 
- アスパラガス * 4本 
- アンチョビ * 10枚 
- 生クリーム * 100cc 
- こしょう * 少々 
- マヨネーズ * 大さじ3 
- ケチャップ * 大さじ1 
- セロリ * ½本
- ラディッシュ * 4個

❶ カリフラワー½個は、下についている緑色の部分を、手で折り取るようにして除きます。

❷ ❶のカリフラワーの根元を少し切り落とし、そこから包丁の刃先を入れて、小さなかたまりに切り分けます。この切り方のことを、「小房に分ける」といいます。

❸ かぶ小4個は皮をむいて、4等分のくし形に切ります。

❹ パプリカ1個は縦半分に切り、へたと種を除きます。半分を縦長の4等分に切り分けます。

❺ アスパラガス4本は根元と真ん中あたりを手で持ち、手前にしならせるようにして、根元のかたい部分をポキンと折り取ります。

お手伝いのポイント

子どもには野菜を洗って切るお手伝いをさせましょう。いろいろな野菜にふれることで、それぞれのかたさを感じたり、切り方をおぼえることができます。

❻ キャベツ½個は8等分に切り分けます。じゃが芋2個は火が通りにくいのでやや小さめに切り、セロリ、ラディッシュ以外の野菜を蒸し器に入れます。

❼ ふたをした蒸し器を強火にかけて、約20〜25分、野菜が柔らかくなるまで蒸します。じゃが芋に竹串がすーっと刺さればOK！

湯気の上がった蒸し器は熱いのでやけどに注意！

❽ 温かいソースを作ります。生クリーム100ccを小鍋に入れ、細かく刻んだアンチョビ10枚を加えて、火にかけます。沸騰する直前で火をとめ、こしょう少々を加えて味をととのえます。

❾ ケチャップ大さじ1とマヨネーズ大さじ3をよく混ぜ、もう一つの冷たいソースを作ります。蒸し上がった野菜と、セロリ、ラディッシュを適宜切って器に盛り、2種類のソースにつけていただきます。

中級★★ サラダを作ろう

にんじんのポタージュ

ほっとカラダが温まる、にんじんと牛乳のポタージュスープ。とろみをつけるためにご飯を加えるのがポイントです。

材料 4人分

- にんじん＊大2本
- ご飯＊80g
- 水＊200cc
- 牛乳＊500cc
- バター＊大さじ1
- クルトン＊少々
- 塩＊少々
- こしょう＊少々
- パン＊2本

お手伝いのポイント

子どもにピーラーを使って皮むきをさせるときは、手前に向かって引くのではなく、外側に向けて押し出すように手を動かすことと教えてあげましょう。

中級★★ スープを作ろう

❶ にんじん大2本は、ピーラーで皮をむきます。このとき、おとなが使うときとは逆の方向にむくと安全です。にんじんのしっぽのほうを持ち、真ん中から下向きに半分皮をむきます。

❷ 葉のついていたほうが上になるようににんじんを持ち替えて、残った下半分の皮も、同様にむきます。

❸ ❷のにんじんを、横半分にしてから、縦半分に切ります。安定しないので、ここはおとなが切ってください。

❹ ❸を子どもが乱切りにします。にんじんの平らな面を下に置いて、包丁を斜めに入れます。交互に包丁の角度をかえながら切っていきましょう。

❺ 鍋にバター大さじ1を入れて温め、❹のにんじんを入れて炒めます。全体に油がまわったら、水200ccを加えて柔らかくなるまで中火で約10分煮ます。煮えたら火をとめて、粗熱をとります。

❻ ミキサーに、粗熱のとれた❺のにんじんと、とろみづけのためのご飯80gを入れます。一度にできない場合は、2回に分けます。水分が少ない場合は、❾で加える牛乳の一部をここで足します。

❼ ミキサーにしっかりとふたをして、スイッチON！

❽ なめらかなペースト状になったら、❺の鍋に戻し入れます。

❾ 牛乳500ccを加えて弱火で温め、塩、こしょう各少々で味をととのえます。器によそい、クルトン少々をのせて、パンを添えればでき上がり。

このとき、ふたの上に手を置かないように！ミキサーのふたには小さな穴があいており、穴をふさいでしまうと熱い液体が飛び出してくることがあります。

トマトスープ

トマトジュースを使って作る、真っ赤なスープ。玉ねぎの薄切りをよ〜く炒めて、甘みを引き出します。

材料 4人分

- トマトジュース * 600cc 
- 玉ねぎ * 1個 
- 小麦粉 * 大さじ3 
- 水 * 300cc 
- 顆粒コンソメ * 小さじ2 
- バター * 大さじ2 
- パセリ * 少々

お手伝いのポイント

ポイントは、焦がさずに炒めること。鍋を熱しすぎるとあっという間にバターが焦げてしまうので注意しましょう。小麦粉を入れたあとも焦げつきやすいので、へらでよく混ぜましょう！

---

❶ 玉ねぎ1個は皮をむいて半分に切り、端から薄く切ります。

> あらかじめ、冷蔵庫で玉ねぎを冷やしておくと、切っても目が痛くなりにくいですよ！

❷ 鍋にバター大さじ2を入れて火にかけ、バターが焦げないうちに、❶の薄切りにした玉ねぎを入れて炒めます。

❸ 玉ねぎが透き通ってきたら、小麦粉大さじ3を入れます。1ヵ所に全部入れるのではなく、全体にまんべんなく散らすようにしながら入れましょう。

中級★★ スープを作ろう

4 ❸をへらでよくかき混ぜながら、焦がさないように炒めます。

> 小麦粉を加えたら焦がさないように、でも、しっかりと火を通さないとべたついた仕上がりになってしまいます。

5 ❹をよく炒め、小麦粉がなじんだら、トマトジュース600ccと水300ccを加え、よくかき混ぜます。沸騰したら顆粒コンソメ小さじ2を加え、15分ほど煮込んだら、冷まします。

6 ❺をミキサーにかけます。なめらかになったら、鍋に戻して温め、器によそい、パセリのみじん切り少々をのせます。

> ミキサーの代わりにざるでこしてもOK！その場合、玉ねぎの甘みが出るように、ざるに押しつけてこしてください。

ツナのコロッケ風

材料 4人分

- じゃが芋＊4個
- ツナ缶＊1缶(80g) 
- 小麦粉＊適量 
- サラダ油＊適量 
- ケチャップ＊適量 
- ブロッコリー＊½個 

お手伝いのポイント

料理は楽しんでするのがいちばん！ 子どもには、コロッケをお魚の形にととのえてもらいましょう。たねは柔らかいので、やさしく扱いましょう。

❶ じゃが芋4個は洗って半分に切り、まな板の上に置いて、ピーラーで皮をむきます。真ん中から半分むいたら、じゃが芋の向きをかえて、逆からもう半分の皮をむきます。

❷ ❶を耐熱のボウルに入れてラップをかけ、電子レンジで柔らかくなるまで加熱します（時間はレンジのワット数によるので調整しましょう。じゃが芋に竹串がすーっと刺さればOKです）。

❸ ブロッコリー½個は小房に分け（48ページ参照）、塩少々を加えた熱湯でゆでます。茎の部分に竹串がすーっと刺さるくらいになったらざるに上げ、水けをきります。

❹ ❷のじゃが芋を電子レンジから取り出し、熱いうちにマッシャーでつぶします。じゃが芋の形がしっかりしているうちは、おとながつぶすといいでしょう。

❺ ❹にツナ1缶を加えて、よく混ぜます。

❻ ❺を8つに分け、1つずつ魚の形になるように、ととのえます。

ハート形や星形など、好きな形にしてもOK！

ゆでてつぶしたじゃが芋に
ツナを混ぜて、
お魚の形にして焼きます。
お魚だけでなく、
好きな形を作ってみましょう。

中級★★いろいろ作ろう

❼ バットなどの平たい器に小麦粉を入れ、❻のまわりに小麦粉をつけます。

❽ 熱したフライパンにサラダ油をひき、❼を入れて焼きます。

揚げないので、
子どもといっしょに
作っても安心です。

❾ ❽の表面に焼き色がついたら、フライ返しで裏返し、反対側も同様に焼きます。両面こんがりと焼けたら皿に盛り、❸のブロッコリーを添え、ケチャップをつけていただきます。

ヒラヤチー

韓国料理のチヂミに似ている
「ヒラヤチー」は、
南国沖縄の郷土料理です。
ホットプレートで焼いても楽しいですよ。

にら＊½束　　長ねぎ＊½本　　ツナ缶＊1缶(80g)

小麦粉＊120g　　卵＊1個　　かつお出し汁＊200cc

塩＊少々　　サラダ油＊適量　　ウスターソース＊少々

材料 4人分

お手伝いのポイント

にらも長ねぎも切りやすい野菜です。また、小さく作れば、短時間で焼けて、裏返すのもラクラクなので、失敗しません。子どもにも作りやすいおすすめメニューです。

❶ にら½束は洗い、よく水けをきっておきます。端から約3cm長さに切ります。

❷ 長ねぎ½本は洗い、水けをふいてから、斜め薄切りにします。

にらや長ねぎのほか、にんじん、ピーマン、玉ねぎなど、冷蔵庫にある残り野菜を入れてもOK。

❸ 卵1個は器に割り入れます。大きめのボウルに小麦粉120gを入れ、かつお出し汁200cc、塩少々、割った卵を加えます。

中級 ★★ いろいろ作ろう

④ 泡立て器を使って、❸をしっかりとかき混ぜます。

小麦粉のかたまり（ダマ）が残らないように、よく混ぜてくださいね！

⑤ ツナ１缶をあけて、❹に汁ごと加え、❶のにらと❷の長ねぎも加えます。へらで全体が混ざるよう、よくかき混ぜます。

⑥ フライパンにサラダ油を薄くひいて、❺を玉じゃくし１杯分流し入れ、こんがりと焼き色がつくまで両面を焼きます。ウスターソース少々をかけていただきます。残りの材料も同様に作ります。

残りもののコロッケや市販のコロッケを、
ふんわり卵でとじて丼ものにします。
コロッケは煮汁を吸いやすいので、
出し汁を多めに作っておくといいでしょう。

コロッケ丼

材料 2人分

- コロッケ ＊ 2個
- 玉ねぎ ＊ ½個 
- 卵 ＊ 2個 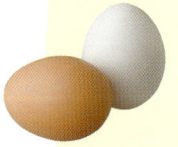
- ご飯 ＊ 400g 
- 三つ葉 ＊ 適量 
- 出し汁 ＊ 大さじ8 
- しょうゆ ＊ 大さじ2 
- みりん ＊ 大さじ2 
- 砂糖 ＊ 小さじ2 

❶ コロッケ2個は、まず、真ん中に包丁を入れて2つに切り、半分になったものをさらに2つに切って4等分にします。

❷ 玉ねぎ½個は薄切りにします。あらかじめおとなが半分に切っておいたものを、子どもが端から薄く切るとよいでしょう。

❸ 小さなボウルに卵1個を割り入れ、菜箸でかき回します。

2回に分けて作るので、卵は1人分(1個)ずつ割りましょう。

❹ フライパンに、出し汁大さじ4、しょうゆ大さじ1、みりん大さじ1、砂糖小さじ1を入れて、煮汁1人分を作り、火にかけます。

❺ ❹が煮立ったら、❷の薄切りにした玉ねぎの半量（1人分）を入れます。玉ねぎが透き通ってきたら、❶で切った1個分のコロッケを入れます。

コロッケが煮汁を吸ってしまったら、出し汁少々を足してください。

58

中級 ★★ いろいろ作ろう

❻ 再び煮立ったら、割りほぐした卵を回しかけます。ぐるりと円を描くようにしながら、全体にまんべんなくかけましょう。

❼ 刻んだ三つ葉を散らし、ふたをして火をとめ、そのまま2〜3分蒸らします。どんぶりにご飯200gをよそい、その上にのせればでき上がり。残りの材料も同様に作ります。

お手伝いのポイント

卵をかける練習をしましょう。フライパンの真ん中に一気に入れるのではなく、フライパンのふちにそって、全体に回しかけます。

パンケーキ

お手伝いのポイント

パンケーキは子どもの好きな大きさに焼けばOKですが、直径6〜10cmくらいの小さなサイズにすると、ひっくり返しやすくなります。フライ返しを使わず、竹串でも返せるので、子どもにはおすすめ！

材料 16枚分

● 生地の材料

小麦粉＊200g

ベーキングパウダー＊小さじ1

塩＊小さじ½

牛乳＊220cc

卵＊2個

バター＊適量

❶ 小麦粉200g、ベーキングパウダー小さじ1、塩小さじ½をボウルに入れて、泡立て器でよくかき混ぜます。

❷ ❶がサラサラになったら、牛乳220ccを加えます。
牛乳は少し入れて混ぜ、また少し入れて混ぜる……を繰り返してくださいね。

❸ 卵2個を割り入れ、よくかき混ぜます。
卵はいったん小さな器に割ってから、粉の入ったボウルに加えましょう。

中級 ★★ いろいろ作ろう

焼いたウインナソーセージとベーコン、グリーンリーフをパンケーキで巻く[SBGパンケーキ]、クリームチーズとサーモン、2枚のパンケーキを重ねる[サーモンパンケーキ]、ジャムを添える[ジャムパンケーキ]、フルーツをのせる[フルーツパンケーキ]。4つの味が楽しめます。

● SBGパンケーキ 
- ウインナソーセージ * 4本 
- ベーコン * 4枚 
- グリーンリーフ * 2枚 
- ケチャップ * 小さじ4

● サーモンパンケーキ  
- スモークサーモン * 8枚 
- クリームチーズ * 適量 
- 玉ねぎ * ¼個 
- ケッパー * 少々 
- イタリアンパセリ * 少々

● ジャムパンケーキ 
- いちごジャム * 適量 
- ブルーベリージャム * 適量

● フルーツパンケーキ 
- バナナ * ½本 
- オレンジ * ½個 
- チョコレートソース * 適量

④ フライパンにバターを熱し、パンケーキのたねを玉じゃくし½杯強ずつすくって流し入れ、円形に焼きます。

⑤ SBGパンケーキのベーコン4枚をフライパンで焼きます。ベーコンは脂がはねやすいので気をつけましょう。

⑥ ⑤の脂をキッチンペーパーでふき取り、ウインナソーセージ4本をこんがりとした焼き色がつくまで焼きます。

⑦ フルーツパンケーキのオレンジ½個は皮をむき、端から5㎜厚さに切ります。バナナ½本も5㎜厚さに。パンケーキにフルーツとチョコレートソースを顔になるように飾ります。

⑧ サーモンパンケーキは、パンケーキ2枚で1組。1枚にクリームチーズを塗ります。

⑨ ⑧の上にパンケーキをもう1枚重ね、その上にサーモン4枚をのせます。玉ねぎの薄切り、ケッパー、イタリアンパセリをトッピングします。

⑩ SBGパンケーキは、パンケーキにグリーンリーフと⑥のソーセージ、⑤のベーコンをのせて巻き、串でとめてケチャップをかけます。ジャムパンケーキには、いちごジャム、ブルーベリージャムを添えます。

62

第 3 章
上級編

★★★

ステキな朝ごはん

すっかり料理になれたら、上級編の料理だってお手のもの!? 第3章では、中学生を過ぎたら、これぐらいは作れるといいな……という料理を集めました。初級、中級をクリアして、このレベルになれば、ほとんど子どもたちだけで作れると思いますが、おとなはそばで見守っていてあげてください。

卵焼き

四角い卵焼き器を使って、
砂糖としょうゆで
味をつけた卵液を
クルクルと巻いて作ります。

材料 1本分

- 卵 ＊ 3個
- 砂糖 ＊ 大さじ3 
- しょうゆ ＊ 小さじ1 
- サラダ油 ＊ 適量 

お手伝いのポイント

じょうずに卵を巻いていくのがポイントです。もし、いびつな形になってしまったら、温かいうちにクッキングペーパーなどに包んで成形すればいいので、とにかくチャレンジ！

> あざやかな黄色に仕上げたいときは、薄口しょうゆを使いましょう。

❶ ボウルに卵3個を割り入れ、菜箸で卵の白身を切るようにして溶きほぐします。混ぜすぎると卵にコシがなくなるので注意しましょう。

❷ ❶に砂糖大さじ3、しょうゆ小さじ1を加えて混ぜます。

❸ 卵焼き器を中火にかけて充分に熱し、サラダ油をしみ込ませたキッチンペーパーでごく薄く油をひき、全体の1/3量の卵液を流し入れます。

❹ 卵焼き器を手早く前後にゆり動かして、卵液が全体に行き渡るようにします。

❺ 菜箸で軽く混ぜ、半熟状になったら、向こう側から手前に向かって卵を起こすように返しながら巻きます。

❻ ❺を反対側へ移動させます。

> これを芯に、あと2回、同じ作業を繰り返します(❼～❾)。がんばって！

上級★★★ 卵で作ろう

❼ あいたところに再び薄く油をひきます。

卵液がくっつかないように、こまめに油をひくのがポイントです。

❽ 残った卵液の半量を入れ、全体に広げます。❻の卵の手前に菜箸を入れて少し持ち上げ、卵焼き器を傾けて下にも卵液が行き渡るようにします。

❾ 卵焼き器のいちばん手前まで巻いたら、向こう側に寄せ、残りの卵液すべてを入れて、同様に巻きます。最後まで巻いたら、卵焼き器のふちを使って四角くととのえます。

65

シンプルなホットドッグと、
豆とひき肉の煮込み料理
「チリコンカン」をのせた
2種類のホットドッグです。

ペア・ホットドッグ

材料 2人分

- ホットドッグ用のパン＊4本
- ソーセージ＊4本
- キドニービーンズ缶＊1缶（432g）
- 合いびき肉＊200g
- 玉ねぎ＊1個
- にんにく＊1かけ
- サラダ油＊大さじ2
- チリパウダー＊大さじ1½
- トマトジュース＊200cc
- 塩＊小さじ½
- こしょう＊少々
- ピクルス＊適量
- ケチャップ＊適量
- マスタード＊適量

お手伝いのポイント

にんにく、玉ねぎ、ひき肉を炒めるときは、じょうずに手首を使って、鍋から飛び出さないように炒められたらハナマルです。

❶ チリコンカンは多めに作り、一部を使います。玉ねぎ1個はみじん切りにします。

> それほど細かくしなくてもかまいません。あせらず、ゆっくりやりましょう。

❷ 鍋にサラダ油大さじ2と、みじん切りにしたにんにく1かけ分を入れて火にかけ、香りが出るまで炒めます。

❸ ❷に❶の玉ねぎを加えて炒め、玉ねぎが透き通ってきたら合いびき肉200gを加えて、焦がさないようにかき混ぜながら炒めます。

❹ 肉の色が変わったら、チリパウダー大さじ1½、塩小さじ½を加えて混ぜ合わせます。

❺ キドニービーンズ1缶を加えて混ぜ合わせ、トマトジュース200ccを加えます。煮立ったら弱火にして15分ほど煮込み、仕上げにこしょう少々で味をととのえます。

❻ フライパンでソーセージ4本を炒めます。ピクルスはみじん切りにし、ホットドッグ用のパン4本は縦に切り目を入れてオーブントースターで焼き、バター（分量外）を塗っておきます。

❼ ❻のパンにソーセージをはさみ、そのうちの2本には❺のチリコンカンをたっぷりとのせます。もう2本にはピクルスをのせケチャップとマスタードをかけます。

上級★★★ パンで作ろう

材料 4人分

- ハンバーガー用のパン * 8個
- 合いびき肉 * 400g
- 玉ねぎ * 1½個
- トマト * 1個
- グリーンリーフ * 2枚
- 卵 * 1個
- パン粉 * 大さじ3
- 牛乳 * 大さじ3
- 塩 * 小さじ½
- こしょう * 少々
- サラダ油 * 大さじ2
- ケチャップ * 適量
- マスタード * 適量
- バター * 適量

ハンバーガー

手作りハンバーグを、野菜といっしょにパンにはさんでめし上がれ！

❶ 玉ねぎ1個はみじん切りにします。あとでよく炒めてひき肉に混ぜ込むので、粗みじんでOK。

> 子どもの
> みじん切りの
> 練習に
> 最適です！

❷ ❶の玉ねぎをフライパンでアメ色になるまでじっくりと炒め、冷ましておきます。

❸ パン粉大さじ3は牛乳大さじ3で湿らせておきます。ボウルに合いびき肉400g、卵1個、湿らせたパン粉、塩小さじ½、こしょう少々、❷の玉ねぎを入れます。

お手伝いのポイント

ハンバーグのたねは、粘りが出るまでしっかりと手でこねましょう。混ぜ方が足りないと焼いたときに割れやすく、食感も悪くなります。

❹ 粘りが出てくるまで、しっかりと手でこねます。

> ひき肉が
> 白っぽくなる
> くらいまで、
> よく混ぜましょう。

❺ ❹を8つに分けて、その1つずつを丸め、左右の手のひらに交互に打ちつけるようにして中の空気をぬき、平たくして、パンに合わせて形をととのえます。

❻ フライパンにサラダ油大さじ2を中火で熱し、❺を入れ、片面が焼けたら裏返して、両面に焼き色をつけます。中までよく火を通しましょう。ハンバーガー用のパン8個は厚みを半分に切り、軽く焼いておきます。

❼ 下のパンの内側に室温に戻したバターをまんべんなく塗ります。グリーンリーフ、焼いたハンバーグ、トマトの輪切り、玉ねぎのスライスをのせ、マスタードとケチャップをつけて、上にパンを重ねれば、でき上がり。

上級★★★パンで作ろう

材料 4人分

- じゃが芋 * 4個
- 玉ねぎ * 1個 
- かいわれ大根 * 1パック 
- 削り節 * 適量 

和風ドレッシング
塩 * 小さじ½　砂糖 * 小さじ1
こしょう * 少々　しょうゆ * 小さじ1
酢 * 大さじ3　サラダ油 * 大さじ3

じゃが芋と玉ねぎのだんだん

スライスして電子レンジで加熱したじゃが芋と、水にさらした玉ねぎを重ねるので、「だんだん」。和風ドレッシングをかけ、冷蔵庫でよく冷やしていただきます。

❶ じゃが芋4個は皮をむき、半分に切ったあと、端から約3mmの厚さに切ります。できるだけ厚みをそろえて切りましょう。

❷ 耐熱のボウルに❶のじゃが芋を入れてラップをかけ、電子レンジで4分加熱します。取り出してラップをはずすのはおとながやってください。

電子レンジのワット数によるので、柔らかくなったかどうか竹串で確認。すっと刺さればOK。

水にさらすと、玉ねぎの辛みがマイルドになって食べやすくなります。

❸ 玉ねぎ1個は薄めにスライスし、水をはったボウルに入れて、5分ほどさらし、ざるに上げて水けをきっておきます。

❹ 和風ドレッシングを作ります。ボウルに、塩小さじ½、砂糖小さじ1、こしょう少々、しょうゆ小さじ1、酢大さじ3、サラダ油大さじ3の順に入れて、泡立て器でよく混ぜます。

❺ バットか浅く広い器を用意し、じゃが芋を平らに並べます。その上に玉ねぎ、じゃが芋、玉ねぎの順に並べ重ね、4段の層を作ります。

上級★★★ ポテトで作ろう

6 ❺に、❹の和風ドレッシングを回しかけ、冷蔵庫に入れます。1時間ほどおいて味がなじめば完成ですが、前の晩に作りおきしても美味。

7 1人分ずつ器に取り分け、食べやすく切ったかいわれ大根1パックと削り節をトッピングします。

お手伝いのポイント

じゃが芋のスライスは、加熱時間を同じにするため、できるだけ同じ厚さに切りましょう。玉ねぎのスライスも厚みをそろえたほうが食感がよくなります。

ラタトゥイユ

いろいろな野菜を食べやすい大きさに切り、にんにくの香りをつけたオリーブオイルで炒めてから煮込みます。蒸したじゃが芋ととうもろこしも添えて、野菜をたっぷりめし上がれ。

材料 4人分

- トマト＊6個
- なす＊4個 
- ズッキーニ＊1本 
- パプリカ(黄・赤)＊各1個 
- ピーマン＊3個 
- 玉ねぎ＊大1個 
- にんにく＊1かけ 
- オリーブオイル＊大さじ2 
- 塩＊小さじ1強 
- とうもろこし＊2本 
- じゃが芋＊2個

お手伝いのポイント

ほとんどすべて、子どもだけで作れますが、包丁や火を使うので、おとながそばにいてあげましょう。でき上がったら、そのまま冷ますと、よく味がなじみます。

❶ トマト6個、ズッキーニ1本、なす4個、パプリカ（黄・赤）各1個、ピーマン3個、玉ねぎ大1個は、それぞれ一口大に切ります。

❷ ラタトゥイユに添えるとうもろこし2本は、皮をむき半分に切ります。よく洗った皮つきのじゃが芋2個は2つ〜4つに切ります。

❸ ❷のとうもろこし、じゃが芋を蒸し器に入れます。蒸し器にふたをして火にかけ、じゃが芋が柔らかくなるまで強火で蒸します。

> じゃが芋に竹串がすーっと刺さればOKです。

❹ 鍋にオリーブオイル大さじ2と、粗く切ったにんにく1かけ分を入れて火にかけます。

> オリーブオイルが冷たい状態でにんにくを入れると、香りがより強く引き出せますよ！

> 野菜はかたいものから順番に鍋に入れていきます。

❺ にんにくの香りが立ったら、玉ねぎ、なす、ズッキーニ、パプリカ、ピーマンの順に鍋に入れ、へらで混ぜながら炒めます。

❻ 全体に油がまわったら、トマトを加えます。

❼ 塩大さじ1強を加えて、軽く炒めたら、ふたをして15分煮れば、でき上がり。皿に盛り、❸のじゃが芋ととうもろこしを添えます。

上級★★★トマトで作ろう

材料 4人分		
じゃが芋＊4個	にんじん＊1本	きゅうり＊1本
 スイートコーン缶＊½缶（95g）	 マヨネーズ＊大さじ4	
 砂糖＊小さじ½	 塩＊適量	 こしょう＊少々
 サラダ油＊大さじ2	 酢＊大さじ2	

ポテトサラダ

定番料理のポテトサラダ。
じゃが芋がアツアツのうちに
フレンチドレッシングを回しかけると、
味がよくしみ込みます。

きゅうりを押さえる手はしっかり「猫の手」になるように気をつけましょう。

❶ じゃが芋4個は洗って皮をむき、芽をえぐり取り、1cm角くらいの立方体に切ります。にんじん1本はじゃが芋よりも小さめに切ります。

❷ きゅうり1本は端から2mm厚さの小口切りにします。

❸ ❷のきゅうりに塩少々をふってしばらくおき、手で水けをぎゅっと絞っておきます（これを「塩もみ」といいます）。

お手伝いのポイント

じゃが芋とにんじんを少し違う大きさの立方体に切ることで、1つの鍋で同時にゆで上がるようにします。じゃが芋よりかたくて火の通りにくいにんじんは、やや小さめに切りましょう。

❹ 鍋に❶のじゃが芋とにんじん、かぶるくらいの水を入れて強火にかけます。沸騰したら塩ひとつまみを加え中火にして、竹串がすっと刺さるくらいまでゆでて、ざるに上げます。

❺ フレンチドレッシングを作ります。ボウルに、こしょう少々、砂糖小さじ1/2、塩少々、酢大さじ2、サラダ油大さじ2の順に調味料を入れて、泡立て器を使ってよく混ぜ合わせます。

❻ ❹がまだ熱いうちにボウルに移し、❺のフレンチドレッシングを回しかけて下味をつけます。

❼ ❻の粗熱がとれたら、スイートコーン1/2缶、❸の水けを絞ったきゅうり、マヨネーズ大さじ4を加え、へらでよく混ぜればでき上がり。

じゃが芋とにんじんが冷めてしまうと味がしみ込みにくくなるので必ず熱いうちに！

上級★★★ サラダを作ろう

ミネストローネ

材料 4人分

- にんじん＊小1本
- じゃが芋＊2個
- 玉ねぎ＊1個
- キャベツの葉＊2枚
- セロリ＊½本
- ベーコン（かたまり）＊120g
- トマト水煮缶＊1缶（400g）
- オリーブオイル＊大さじ2
- 水＊5カップ
- 塩＊少々
- こしょう＊少々

❶ 包丁を使って、じゃが芋の皮をむきます。にんじんの皮はピーラーを使ってもかまいません。玉ねぎは手で皮をむき、セロリは筋を下へ引き下ろすようにして取り除きます。

❷ にんじん小1本は1cm角に切ります。

> この切り方は「角切り」。形がサイコロのようなので、「さいの目切り」ともいいます。

❸ ベーコンのかたまり120gは1cm角に切ります。セロリ½本、じゃが芋2個、玉ねぎ1個も1cm角、キャベツ2枚は少し大きめに切ります。

❹ 鍋にオリーブオイル大さじ2を熱し、ベーコンを入れて炒めます。ベーコンの脂身が透き通ってきたら、キャベツ以外の野菜を加えて、全体に油がまわるまで炒めます。

❺ ❹に水5カップを加えます。

> 鍋はとても熱いので、注意！押さえるときは、ぬれぶきんではなく、鍋つかみを使いましょう。

野菜がたっぷり食べられるトマト味のスープ。
ゆでたマカロニを入れてもおいしいですよ！

お手伝いのポイント

中学生ぐらいになったら、ピーラーではなく、包丁を使ってじゃが芋の皮をむいてみましょう。ゴツゴツしたところも、じょうずにむけたらハナマル！

❻ 煮立ったらキャベツを加え、トマト水煮１缶と塩、こしょう各少々を加えて、20分くらい煮込めばでき上がり。アツアツのところを器によそっていただきます。

上級★★★ スープを作ろう

豚肉と野菜の
カレークリームスープ

材料 4人分

- 豚ロース肉＊200g
- ブロッコリー＊½個
- じゃが芋＊2個
- 玉ねぎ＊小1個
- にんじん＊小1本
- 水＊700cc
- 生クリーム＊100cc
- 固形スープのもと＊2個
- カレー粉＊小さじ1
- 塩＊適量

とろ〜りクリーミーで、
ほんのりカレー風味。
たった15分ででき上がる、
豚肉といろいろ野菜の
ごちそうスープです。

サラダ油＊大さじ2

こしょう＊適量 　コーンスターチ＊大さじ1強

お手伝いのポイント

野菜は2cm角に、大きさをそろえて切ってみましょう。同じ大きさにすると、でき上がったときの見た目がとってもきれい！

① 豚ロース肉200ｇは3cm幅に切り、塩、こしょう各少々をふっておきます。

② ブロッコリー½個は小房に分けます。

ブロッコリーもカリフラワーと切り方は同じ（48ページ参照）。包丁の刃先を使って、小さな房になるよう切り分けましょう。

③ じゃが芋2個、にんじん小1本、玉ねぎ小1個は大きさをそろえて、2cm角に切ります。

④ 鍋にサラダ油大さじ2をひき、豚肉を炒めます。肉の色が変わったら、ブロッコリー以外の野菜を加えてさらに炒めます。

ミネストローネのときより大きめの角切りにして、ボリューム感を出します。

ブロッコリーは火が通りやすいのであとで入れます。

⑤ ④に、水700ccと固形スープのもと2個を入れます。

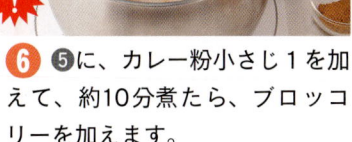

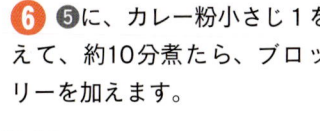

⑥ ⑤に、カレー粉小さじ1を加えて、約10分煮たら、ブロッコリーを加えます。

⑦ 塩、こしょう各少々、生クリーム100ccを加えて味をととのえ、仕上げに水大さじ2で溶いたコーンスターチ大さじ1強を加えて、とろみをつければでき上がり。

「固形スープのもと」は、ビーフやチキン、さまざまな野菜のうまみを凝縮した、洋風スープのベースになる調味料です。

上級★★★スープを作ろう

ソース焼きそば

みんな大好きなソース焼きそば。
ソースを加える前に出し汁を入れることで、
ほぐしやすくなり、味もつきます。

材料 2人分

- 蒸し中華麺＊2玉
- 豚こま切れ肉＊80g
- にんじん＊¼本
- キャベツの葉＊大2枚
- ピーマン＊1個
- 玉ねぎ＊½個
- 塩＊少々
- こしょう＊少々
- サラダ油＊大さじ2
- 中濃ソース＊大さじ2
- 出し汁＊大さじ2

お手伝いのポイント

蒸し中華麺は電子レンジにかけ、ほぐしてから使います。電子レンジから取り出すときは、熱くなっているので、充分に注意しましょう。

❶ 洗って水けをきったキャベツ大2枚は、ざく切りにします。にんじん¼本は1cm幅の短冊切りにし、玉ねぎ½個は5mm幅に切ります。

❷ ピーマン1個はへたと種を取り除いて半分に切り、端から細切りにします。

「こま切れ肉」は「切り落とし」ともいいます。

❸ 豚こま切れ肉80gは、塩、こしょう各少々をふり、下味をつけておきます。フライパンにサラダ油大さじ2を熱し、肉を炒めます。

上級 ★★★ いろいろ作ろう

麺をレンジから取り出すときは、熱いので注意！

④ 肉の色が変わったら、にんじん、玉ねぎ、キャベツ、ピーマンを加えて炒めます。

⑤ 蒸し中華麺2玉は1分ほど電子レンジにかけて取り出します。菜箸で軽くほぐしてから、④のフライパンに加えます。

⑥ 出し汁大さじ2と、中濃ソース大さじ2を回しかけます。菜箸で混ぜて、全体に味がなじんだら、皿に盛ります。

81

牛丼

下味をつけた牛肉を、
網焼きにしてご飯にのせた牛丼です。
しいたけとピーマンも肉といっしょに
網で焼きましょう。

❶ ピーマン1個はへたと種を除き、縦半分に切ってから、縦に3～4等分にします。

へたと種は、へたの部分を親指で中に押し込むようにすると簡単に取れます。

❷ 生しいたけ3枚は石づきを切り落とし、4等分にします。

「石づき」とは、しいたけのかさの裏についている軸の根元部分のこと。かたいので必ず切り落とします。

❸ バットなどの浅く広い器に、しょうゆ大さじ4、砂糖小さじ1を入れてよく混ぜます。

砂糖が全部溶けるまで、しっかりと混ぜましょう。

材料 4人分

- ご飯 * 茶わん4杯 
- 牛薄切り肉 * 300g 
- 生しいたけ * 3枚 
- ピーマン * 1個 
- しょうゆ * 大さじ4 
- 砂糖 * 小さじ1

お手伝いのポイント

下味をつけた牛肉は焦げやすいので、焼きすぎないように気をつけましょう。焼きかげんは好みですが、肉の色が変わりはじめたら注意しましょう。

上級 ★★★ いろいろ作ろう

④ ③に牛薄切り肉300gを広げて入れ、5分ほど浸し、味をしみ込ませます。このとき、切ったピーマンとしいたけも牛肉の横に入れて、同時に下味をつけておきます。

⑤ 焼き網を火にかけて熱し、牛肉、しいたけ、ピーマンをのせて焼きます。

牛肉の焼きかげんはお好みで！しいたけ、ピーマンはしんなりとするまで焼きます。

⑥ どんぶりにご飯をよそい、⑤の焼いた牛肉、しいたけ、ピーマンをのせて、でき上がり。好みで、七味唐辛子をふっていただきます。

真だいの照り焼き

フライパン1つでできる真だいの照り焼きは、ご飯がすすむ和のおかず。真だいに小麦粉をまぶして焼くことで、煮汁にとろみがつき、味がよくからみます。

材料 4人分

- 真だい ＊ 4切れ 
- 長ねぎ ＊ 1本 
- 小麦粉 ＊ 適量 
- しょうゆ ＊ 大さじ3 
- 酒 ＊ 大さじ3 
- みりん ＊ 大さじ3 
- 砂糖 ＊ 小さじ1 
- サラダ油 ＊ 大さじ2

❶ 真だい4切れは両面に小麦粉を薄くまぶし、余分な粉は手で払い落とします。

❷ 長ねぎ1本は5cm程度のぶつ切りにします。

❸ フライパンにサラダ油大さじ2を熱し、真だいを入れます。このとき、盛りつけたときに表になる皮のほうを下にして入れるようにしてください。

❹ ❸の真だいの横に、ぶつ切りにした長ねぎを並べ入れます。真だいの皮の面がこんがりと色よく焼けたら、ひっくり返します。ねぎもときどき返しながら、全体に焼き色がつくまで焼きましょう。

❺ しょうゆ、酒、みりん各大さじ3と砂糖小さじ1は小さな器に混ぜ合わせておき、❹に加えます。

お手伝いのポイント

魚を焼くときは、くずれやすいので、あまりいじらないようにします。ひっくり返すのは1度だけに。ツヤツヤとした照りを出すためには、真だいに調味料をかけながら焼きます。写真のような色をめざして！

上級★★★ いろいろ作ろう

❻ フライパンの汁をスプーンですくい、真だいにかけながら照り焼きにします。汁が少ないときは、フライパンを傾けると、汁が隅に集まってすくいやすくなります。

❼ 煮汁が煮詰まり、ツヤツヤと照りが出てきたらでき上がり。長ねぎとともに皿に盛ります。

ご飯と具だくさんのみそ汁

炊きたてのホカホカご飯と、野菜たっぷりのおみそ汁。
毎日いただくものだから、
作り方をしっかりと子どもに伝えたいものです。

材料 4人分

米＊3合（炊飯器用の1カップは180cc）

大根＊10cm　にんじん＊½本　さつま芋＊小1本

さやいんげん＊8本　三つ葉＊適量

水＊5カップ
昆布＊10cm
花がつお＊20g

みそ（白）＊大さじ3〜4

香の物3種＊適宜

お手伝いのポイント

ご飯、みそ汁、香の物を食卓に並べるときの並び順を子どもに教えましょう。ご飯が左でみそ汁が右。香の物は奥に配置します。

上級 ★★★ いろいろ作ろう

◇ご飯を炊く

❶ ご飯を炊きます。ざるに米3合を入れ、水を入れたボウルに浸したら、ざっとかき混ぜてすぐにざるを上げ、水を捨てます。米を手のひらでもむようにして10回とぎます。

❷ ❶のボウルに水を入れてざるを浸し、ざっとかき混ぜ、水を捨てたらもう1度米をとぎます。これを3回繰り返します。

とぎすぎてもおいしく炊き上がりません。水は完全に透明にならなくてもOK。

❸ ❷を炊飯器のおかまに入れて水かげんし、スイッチを入れます。スイッチを入れるとき保温と炊飯を間違えないように、子どもに教えましょう。

炊飯器の蒸気のふき出し口にはさわらないよう注意！

◇みそ汁を作る

❶ 出しをとります。鍋に水5カップと昆布10cmを入れて火にかけます。

❷ 沸騰する直前、泡が出てきたら、昆布を取り出します。

取り出した昆布は佃煮に！

❸ 花がつお20gをざるに入れて、鍋に入れます。沸騰したら火をとめ、そのまま3分ほどおいて、ざるを取り出します。

❹ 野菜を切ります。さつま芋とにんじんは半月切り、大根はいちょう切り、さやいんげんは5cm長さのぶつ切りにします。三つ葉は2～3cm長さに切ります。

❺ ❸の鍋に、大根、にんじん、さやいんげん、さつま芋の順に野菜を入れて、煮ます。

煮えばなとはグラッとくる寸前のことをいいます。

❻ 野菜が柔らかくなったらみそ大さじ3～4を溶きます。❸と同様に、ざる（みそこし）を使うと、みそが溶け残ることがありません。煮えばなを器に盛り、三つ葉をのせます。

第4章

♥

うれしい
おやつ

好奇心旺盛な子どもたちは、おかし作りも大好き！ 卵を泡立てると色や質感が変化したり、ケーキの生地がオーブンの中でふくらんでいくようすを間近で見たりすると、ますます料理が好きになります。手作りのおやつは、もちろん味も格別。ぜひ親子でいっしょに作ってみてください。

オレンジゼリー＆
グレープフルーツゼリー

❶ オレンジとグレープフルーツの皮をむきます。オレンジの薄皮はむきにくいので、おとながやります。子どもには、グレープフルーツの薄皮を取るお手伝いをしてもらいましょう。

このとき、熱湯でやけどしないよう注意してください。

❷ オレンジゼリーを作ります。熱湯50ccの中に、ゼラチンパウダー5gを入れます。

❸ ❷をよく混ぜて、ゼラチンパウダーを完全に溶かします。

溶け残りがないように、しっかりと混ぜましょう！

ゼラチンパウダーをよく混ぜて溶かし、
2種類のフルーツゼリーを作りましょう。

材料 4人分

ジュース(オレンジ、グレープフルーツ)＊各200cc

ゼラチンパウダー＊2袋(10g)

熱湯＊100cc

砂糖＊大さじ2

オレンジ＊適量 　　グレープフルーツ＊適量

お手伝いのポイント

グラスにゼリー液を注ぐときは静かにゆっくりと、グラスの真ん中に注ぎます。こぼしたり、ふちにつけたりしないように、注意しましょう。

❹ ❸に砂糖大さじ1を加えて完全に溶けるまでよく混ぜます。このとき、泡立てないようにしましょう。

❺ ❹にオレンジジュース200ccを加えてかき混ぜます。

泡立てるとゼリーを冷やしたときにプツプツと空気の穴ができてしまうので注意！

❻ グラスに❶のオレンジの果肉を入れ、グラスの真ん中に❺の液を注ぎ、冷蔵庫で冷やし固めます。グレープフルーツゼリーも作り方は同じです。

♥おかしを作ろう

材料 約15枚分

- 薄力粉 * 200g
- ベーキングパウダー * 小さじ1弱
- バター * 100g
- 卵 * 1個
- チョコレートチップ * 150g
- グラニュー糖 * 100g

お手伝いのポイント

薄力粉とベーキングパウダーを正しくはかったら、合わせてふるうお手伝いをさせましょう。まわりに飛び散らさないよう、静かにふるうことができたら大成功！

チョコレートチップをたっぷり加えた、
サクッと香ばしいクッキーです。
紅茶やコーヒーを添えて、3時のおやつにどうぞ。

チョコチップクッキー

❶ 薄力粉200gとベーキングパウダー小さじ1弱をはかり、合わせてふるっておきます。

❷ ボウルに室温に戻したバター100gとグラニュー糖100gを入れ、泡立て器を使って、すり混ぜるようにして、よく混ぜ合わせます。

バターがかたいときは、電子レンジに数秒かけましょう。

❸ 卵1個は小さな器に割りほぐし、❷のボウルに2回に分けて加えます。まず半量を入れたら泡立て器で混ぜ、残りの卵液を加えてさらに混ぜます。

❹ ❸のボウルに、チョコレートチップ150gを加えてへらで混ぜます。1ヵ所に全部入れるのではなく、全体にまんべんなく散らすようにして入れると、すぐに混ざります。

❺ ❹に❶の粉（薄力粉とベーキングパウダー）を加えて、さっくりと混ぜます。

❻ 天パンにクッキングペーパーを敷き、❺をスプーンですくって並べ、180℃のオーブンで20分焼きます。こんがりと色よく焼けたら取り出し、冷めるまで、網の上など、風通しのいいところに置きます。

おかしを作ろう

材料 4人分

アイスクリーム（いちご・バニラ）＊各適量

生クリーム＊100cc

チョコレートソース＊適量　　アラザン＊適量

マーブルチョコレート、
スティックチョコレート、
クッキー、マシュマロ、
グミ、カラースプレー、
その他好みのチョコレート菓子などの
トッピング＊各適量

アイスクリームサンデー

甘くて冷たいアイスクリームサンデー。
カラフルなおかしを用意して、
好きなように盛りつけてみましょう。

❶ 生クリーム100ccは、空気を含ませるようにしながら、泡立てます。

❷ トッピングを用意します。クッキーは割って、食べやすくしておきましょう。

❸ 器にバニラといちごのアイスクリームを入れます。

お手伝いのポイント

さまざまなトッピングをいろどりよく、おいしそうに飾りつけましょう。生クリームを絞るときは、逆流して上から出てこないように絞り袋の上を輪ゴムできっちりとめておくこと。

④ ❸を好きなようにトッピングで飾りつけます。

❺ ❶の生クリームを絞り、好みでチョコレートソースやアラザンを飾ります。

おかしを作ろう

95

材料
（直径6cmの型）
15個分

薄力粉＊250g　ベーキングパウダー＊小さじ3　塩＊少々　バター＊80g

卵＊2個　牛乳＊50cc　生クリーム＊100cc　いちごジャム＊適量

スコーン

おやつにも、朝ごはんにも
おすすめのスコーンは、
イギリス生まれのおかしです。

お手伝いのポイント

粉と角切りにしたバターを、均一に混ぜるのがポイント。指先でこすり合わせるようにしてサラサラになるまでよく混ぜましょう。

> ほかのおかしと違って
> バターは室温に戻さず、角切りに。

❶ 薄力粉250gとベーキングパウダー小さじ3をはかり、合わせてボウルにふるっておきます。

❷ バター80gは、1cm角に切ります。

❸ ❶のボウルに、塩少々と❷のバターを加え、指先でこすり合わせるようにしながらよく混ぜます。

❹ ❸に、割りほぐした卵2個分と牛乳50ccを加えて混ぜ、全体が1つにまとまるまで、手でよくこねます。

❺ ❹を取り出して、打ち粉をした台に置き、麺棒で約1.5cm厚さにのばします。

> 生地が台にくっつかないようにふる粉のことを「打ち粉」といいます。

❻ ❺をスコーン型でぬき、天パンに並べて、220℃のオーブンで約15分焼きます。六分立てにした生クリームといちごジャムを添えていただきます。

おかしを作ろう

材料 (直径18cmの型)1台分

- 薄力粉 ＊ 100g
- ココアパウダー ＊ 20g 
- 卵 ＊ 4個 
- グラニュー糖 ＊ 120g 
- バター ＊ 30g 

●チョコレートクリーム●
- 生クリーム ＊ 300cc 
- グラニュー糖 ＊ 大さじ2〜3 
- チョコレート ＊ 100g 

●デコレーション●
- 削りチョコ ＊ 適量 
- 巻きチョコ ＊ 適量 

Ｗ（ダブル）チョコレートケーキ

ココア入りのスポンジケーキに、チョコレートクリームを
合わせるから、「Ｗ」チョコレートケーキ。
甘さ控えめにしたいときは
グラニュー糖の量を減らして、調節してください。

お手伝いのポイント

スポンジケーキがしっかりふくらむようにするには、グラニュー糖を加えた卵をもったりするまで泡立てるのがコツ。そのかげんをおぼえましょう。

❶ グラニュー糖120g、薄力粉100g、ココアパウダー20gをそれぞれはかります。薄力粉とココアパウダーは、合わせてふるっておきます。

❷ 卵4個を割りほぐし、❶のグラニュー糖を加えます。ハンドミキサーで、もったりと重たくなるまで、しっかり泡立てましょう。

❸ ❷にふるっておいた薄力粉とココアパウダーを加え、へらで混ぜます。ボウルを回しながら混ぜると、混ぜやすいですよ。

❹ バター30gは電子レンジにかけて溶かし（500ワットで30秒）、❸に回し入れて、よく混ぜます。

電子レンジにかけるときは、ラップをしましょう。

❺ 指を使って型の内側にまんべんなくバター（分量外）を塗り、❹の生地を流し入れます。上から軽く型を落とし、空気をぬきます。180℃に温めておいたオーブンで、25〜30分焼き、焼き上がったら、型に入れたまま冷ましておきます。

❻ チョコレートクリームを作ります。鍋に生クリーム200ccを温め、グラニュー糖大さじ2〜3、砕いたチョコレート100gを加えてかき混ぜながら溶かします。

❼ ❻をボウルに移し、残りの生クリーム100ccを加えて泡立てます。このとき、ボウルを二重にして、下に少量の水と保冷剤を入れ、冷やしながら泡立てます。

❽ ❺のケーキを横半分に切り、あいだにまんべんなく❼のチョコレートクリームを塗って、はさみます。上とまわりにもチョコレートクリームを塗ります。まわりに塗るチョコレートクリームは、上から横へ流すようにしながら塗っていきます。

❾ 仕上げに削りチョコと巻きチョコを飾ればでき上がり。

切り分けるときは、ケーキナイフをお湯につけて軽く温めると切りやすいですよ！

おかしを作ろう

材料	分量
薄力粉	200g
グラニュー糖	100g
バター	100g
ベーキングパウダー	小さじ1
卵	4個

材料（直径6cmのカップ）12個分

●デコレーション●
- 粉砂糖＊100g
- 卵白＊小1個分
- ドレンチェリー＊適量
- アラザン（銀色・ピンク）＊適量

ふっくらと焼けたカップケーキを、粉砂糖と卵白で作る真っ白なアイシングでデコレーションします。おとぎ話に出てきそうな、ステキなおやつに仕上げましょう。

デコレーションカップケーキ

お手伝いのポイント

アイシングをじょうずにつけると、雪がふりつもったような、なめらかできれいな仕上がりになります。回しながら上げるのがコツ。

❶ 卵4個はボウルに割りほぐし、グラニュー糖100gを加え、ハンドミキサーでよく泡立てます。

❷ 泡立てかげんは、Wチョコレートケーキ（99ページ参照）のときと同じく、もったりとして重くなるまで。ここでよく混ぜないと、ケーキがふくらみにくくなってしまいます。

❸ 薄力粉200gとベーキングパウダー小さじ1をはかり、合わせてふるいます。❷に加えて、へらでよく混ぜます。

金属の型だけでは焼き上がったあと取り出しにくく、紙ケースだけでは頼りないので、重ねて使いましょう。

❹ バターを耐熱の小さな器に入れ、ラップをかけて、電子レンジで溶かします。バター100gを溶かすのに、500ワットの電子レンジで約1分が目安。

❺ ❹の溶かしバターを❸に加えます。ボウルを回しながらへらで混ぜると、よく混ざります。

❻ 金属の型に紙のケースを敷いて、❺の生地を流し入れます。170℃に温めておいたオーブンで20分焼きます。

❼ カップケーキがふっくらと焼き上がったら、オーブンから取り出し、粗熱をとります（粗熱がとれたら、金属の型からカップケーキを取り出しておきましょう）。

❽ ケーキを冷ましているあいだに、デコレーションのアイシングを作ります。卵白小1個分をざっとかき混ぜたところに、粉砂糖100gを加えて、混ぜます（とろみが薄いときは、粉砂糖を足してください）。

❾ ❼のカップケーキの上の面を❽に浸し、回しながら上げます。バットなどに並べ、アラザンやドレンチェリーを飾りつければでき上がり。

おかしを作ろう

調理別さくいん

- 炒めもの
  - スクランブルエッグ 初級★卵で作ろう── 12
- 煮もの
  - ポーチドエッグ 中級★★卵で作ろう── 38
  - ラタトゥイユ 上級★★★トマトで作ろう── 72
- 焼きもの
  - 卵焼き 上級★★★卵で作ろう── 64
  - チキンのオーブントースター焼き 初級★いろいろ作ろう── 32
  - ツナのコロッケ風 中級★★いろいろ作ろう── 54
  - トマトとチーズの重ね焼き 中級★★トマトで作ろう── 46
  - ポテトとコーンのグラタン 中級★★ポテトで作ろう── 44
  - ポテトのチーズ焼き 初級★ポテトで作ろう── 18
  - 真だいの照り焼き 上級★★★いろいろ作ろう── 84
- 軽食 パン料理
  - ハンバーガー 上級★★★パンで作ろう── 68
  - フルーツサンド 初級★パンで作ろう── 16
  - フレンチトースト 初級★パンで作ろう── 14
  - ペア・ホットドッグ 上級★★★パンで作ろう── 66
  - ポークと薄焼き卵のサンドイッチ 中級★★パンで作ろう── 40
  - りんごとチキンの焼きサンド 中級★★パンで作ろう── 42
- 軽食 ご飯もの
  - 牛丼 上級★★★いろいろ作ろう── 82
  - 牛肉のおにぎり 初級★いろいろ作ろう── 30
  - ご飯と具だくさんのみそ汁 上級★★★いろいろ作ろう── 86
  - コロッケ丼 中級★★いろいろ作ろう── 58
- 軽食 麺類
  - スパゲティナポリタン 初級★いろいろ作ろう── 28
  - ソース焼きそば 上級★★★いろいろ作ろう── 80
- 軽食 粉料理
  - お絵描きピザ 初級★いろいろ作ろう── 34
  - パンケーキ 中級★★いろいろ作ろう── 60
  - ヒラヤチー 中級★★いろいろ作ろう── 56

サラダ・マリネ	温野菜サラダ 中級★★サラダを作ろう —— 48
	じゃが芋と玉ねぎのだんだん 上級★★★ポテトで作ろう —— 70
	トマトのサラダ 初級★トマトで作ろう —— 20
	フルーツヨーグルトサラダ 初級★サラダを作ろう —— 22
	ポテトサラダ 上級★★★サラダを作ろう —— 74
スープ	キャベツとソーセージのスープ 初級★スープを作ろう —— 26
	コーンポタージュ 初級★スープを作ろう —— 24
	ご飯と具だくさんのみそ汁 上級★★★いろいろ作ろう —— 86
	トマトスープ 中級★★スープを作ろう —— 52
	にんじんのポタージュ 中級★★スープを作ろう —— 50
	豚肉と野菜のカレークリームスープ 上級★★★スープを作ろう —— 78
	ミネストローネ 上級★★★スープを作ろう —— 76
デザート	アイスクリームサンデー ♥おかしを作ろう —— 94
	オレンジゼリー&グレープフルーツゼリー ♥おかしを作ろう —— 90
	スコーン ♥おかしを作ろう —— 96
	Wチョコレートケーキ ♥おかしを作ろう —— 98
	チョコチップクッキー ♥おかしを作ろう —— 92
	デコレーションカップケーキ ♥おかしを作ろう —— 100

撮影◎下村　誠
デザイン◎白水靖子・干場麻代
　　　　　（アクシャルデザイン）
編集◎草間壽子・板垣友紀
　　　（ワーズワークス）
協力◎イワタニ・フィスラー
　　　東京都中央区新川 1-2-12
　　　☎03-3523-6171
　　　http://www.iwatani-fissler.co.jp/

葛　恵子（かつら・けいこ）
葛トータルフードプロデュース代表。クッキングプロデューサー。2000年より、子ども料理教室「Little Ladies（リトルレディーズ）」を主宰。子どもたちに料理やテーブルセッティング、マナーなどを教えている。母親向けには、2003年よりティーパーティーを開いて子育てなどの悩みを語り合う「子育てサロン」を開設。また、保育園などの専門誌や子ども向け食育本でのメニュー開発、料理製作をはじめ、雑誌、新聞、テレビ、インターネットなど、さまざまなメディアで活躍中。義母は「おいしゅうございます」の名ぜりふで知られる岸朝子。義母との共著に『親から子に伝える「食べる知恵」　ごはん力！』（マガジンハウス）がある。

葛 恵子公式ホームページ「Little Ladies」
http://www.wordsworks.co.jp/keketan/

講談社のお料理 BOOK

子どもクッキング
ママと作る休日の朝ごはん

2008年 2月28日　第 1 刷発行
2019年12月20日　第12刷発行

著　者　葛　恵子
発行者　渡瀬昌彦
発行所　株式会社　講談社
　　　　〒112-8001　東京都文京区音羽 2-12-21
編　集　03-5395-3527
販　売　03-5395-4415
業　務　03-5395-3615
印刷所　大日本印刷株式会社
製本所　株式会社若林製本工場

定価はカバーに表示してあります。
落丁本・乱丁本は購入書店名を明記のうえ、小社業務あてにお送りください。送料小社負担にてお取り替えいたします。
なお、この本についてのお問い合わせは、生活文化あてにお願いいたします。
本書のコピー、スキャン、デジタル化等の無断複製は著作権法上での例外を除き禁じられています。
本書を代行業者等の第三者に依頼してスキャンやデジタル化することはたとえ個人や家庭内の利用でも著作権法違反です。

ISBN978-4-06-278389-7
© Keiko Katura 2008, Printed in Japan